NATURE

DU DROIT DU PRENEUR

DANS

LE CONTRAT DE LOUAGE

PAR

Victor YSEUX

Avocat à Anvers,
Docteur en droit de la Faculté de Bologne.

EXTRAIT DE LA *Revue critique de législation et de jurisprudence.*

PARIS

LIBRAIRIE COTILLON

F. PICHON, SUCCESSEUR, IMPRIMEUR-ÉDITEUR,

Libraire du Conseil d'Etat et de la Société de législation comparée

24, RUE SOUFFLOT, 24.

1893

NATURE

DU DROIT DU PRENEUR

LE CONTRAT DE LOUAGE

PAR

Victor YSEUX

Avocat à Anvers,
Docteur en droit de la Faculté de Bologne.

EXTRAIT DE LA *Revue critique de législation et de jurisprudence.*

PARIS

LIBRAIRIE COTILLON

F. PICHON, SUCCESSEUR, IMPRIMEUR-ÉDITEUR,

Libraire du Conseil d'Etat et de la Société de législation comparée
24, RUE SOUFFLOT, 24.

1893

NATURE DU DROIT DU PRENEUR

DANS

LE CONTRAT DE LOUAGE

La question de savoir si le droit que le contrat de louage confère au preneur est réel ou personnel a été fort agitée en France aux temps où Troplong soutint, à l'encontre de la généralité des jurisconsultes, que le droit du preneur était un véritable droit réel. Son opinion souleva des orages, et une véritable croisade fut organisée dans le monde juridique pour combattre et réfuter pas à pas, argument par argument, l'avis qu'il avait osé émettre. Ses adversaires l'emportèrent ; la jurisprudence s'inclina en se prononçant en leur faveur, et la doctrine n'éleva que fort rarement la voix pour défendre une idée qui avait été aussi fortement combattue. Depuis lors, on considère donc généralement la personnalité du droit du preneur comme étant un axiome, et l'on ne parle plus de l'opinion de Troplong qu'en la traitant de paradoxe visant à l'originalité et en la mentionnant comme ayant uniquement une valeur historique.

Malgré toutes les détractions dont elle a été l'objet, il est cependant permis d'affirmer que cette thèse n'a pas été sans exercer une salutaire influence sur la législation qui fut établie dans la suite ; car la loi hypothécaire belge de 1851 et la loi française sur la transcription de 1855 se sont fort probablement inspirées des considérations qu'il avait émises, lorsqu'au milieu de dispositions destinées à régler la publicité des droits réels, elles décidèrent que les baux d'une certaine durée et ceux contenant quittance de plus de trois ans de loyers (art. 1 de la loi belge) devraient être transcrits pour pouvoir être opposés aux tiers. Ces dispositions améliorèrent au point de vue pratique la situation existante ; car, d'après les principes du Code civil, le bail, ayant date certaine ou résultant d'un acte authentique, pouvait être opposé aux tiers, sans qu'il fût nécessaire qu'il eût été, au préalable, rendu public par n'importe quel acte de transcription. Si théoriquement cependant ces lois n'ont pas fait changer la question d'aspect et n'ont apporté aucun argument nouveau en faveur de l'une ou de l'autre thèse, (puisque dans les rapports qui furent rédigés lors de la discussion de ces lois, on continua à considérer le droit du preneur comme un droit personnel), il n'en est pas moins vrai qu'elles ont montré d'une façon plus évidente que par le passé les inconséquences qui existaient dans les applications des principes adoptés, et que les contradictions dont elles font preuve sont donc en quelque sorte un hommage rendu à la mémoire de celui qui s'était permis de trouver qu'en donnant au droit du preneur le caractère d'un droit de créance on était illogique. Ce manque de logique, comme nous le verrons plus loin, est flagrant, puisque, tout en proclamant que le droit du preneur devait être personnel, le législateur a consacré, à propos du droit de bail, plusieurs dispositions qui, pour être rationnelles, doivent être déduites d'un droit réel.

D'après la nouvelle législation, certains baux devant être transcrits pour pouvoir être opposés aux tiers, la question de réalité ou de personnalité perd naturellement, à leur égard, toute son importance pratique ; mais comme les baux ayant une durée moindre que ceux dont la transcription est exigée sont encore sous l'empire du droit commun, vis-à-vis d'eux la question reste entière et conserve toute l'importance qu'elle avait au temps de Troplong. Si, en effet, un propriétaire, après avoir loué pour 9 ans sa maison ou son champ à un premier preneur, les donne à bail à un second, il est évident que pour déterminer lequel des deux preneurs devra être préféré à l'autre et lequel aura une action contre le bailleur pour se faire mettre en possession, il faudra au préalable savoir si leur droit est réel ou personnel. S'il est réel, ce sera le preneur premier en date qui aura droit à l'exécution du contrat et qui au besoin pourra exiger l'expulsion du second locataire si celui-ci se trouve déjà en possession ; si au contraire le bail participe de la nature du droit de créance, le preneur qui aura été mis le premier en possession devra être préféré à l'autre (1).

La controverse de la réalité ou de la personnalité a donc encore, comme on vient de le voir, une certaine importance pratique. et il ne nous semble par conséquent pas inutile de la discuter à nou-

____

(1) Laurent, *Principes*, XXV, p. 137.

veau, non pas que nous soyons attirés, comme l'a dit un auteur en renom, par la recherche des opinions qui visent à l'originalité, qui s'écartent des sentiers battus et qui, en ayant l'air d'être découvertes, exercent toujours un si grand prestige sur la jeunesse, mais pour la simple raison que depuis l'introduction des lois nouvelles sur la transcription, il existe dans l'ensemble de la législation des contradictions tellement flagrantes, qu'il importe de les relever pour qu'on ne déduise pas de certains principes qui ont été appliqués et consacrés à tort, des conséquences qui, à première vue, peuvent paraître logiques mais qui, au fond, ne sont que la consécration de l'erreur la plus évidente. Lorsque le législateur a, en effet, décrété les lois que nous venons de rappeler, il était imbu de l'idée, prédominante alors dans la jurisprudence et dans la doctrine, que le droit du preneur était purement personnel. Logiquement ce droit ne devait donc pas pouvoir préjudicier aux tiers et sa transcription devait paraître superflue; mais comme d'après l'art. 691 du Code de procédure civile, le bail ayant date certaine avant le commandement devait être respecté par les créanciers saisissants, comme l'art. 1743 du Code civil rendait le bail authentique ou ayant date certaine obligatoire pour l'acquéreur de l'immeuble loué, le législateur s'aperçut que ces sortes de bail pourraient préjudicier aux intérêts des tiers, et sans se préoccuper de l'opinion qu'il avait déjà émise, décida que les baux ayant une certaine durée devraient être transcrits pour pouvoir être opposés aux tiers.

Evidemment ces principes édictés par l'art. 1743, C. civ. et par l'art. 691, C. pr. civ., ne pouvaient être que la conséquence du droit réel que possédait le preneur.

Nous nous trouvons donc en présence de deux opinions diamétralement opposées: l'une qui est l'affirmation gratuite, insérée dans les travaux préparatoires, soutenant que le contrat de bail confère un droit personnel; l'autre qui résulte des dispositions inscrites dans la loi et qui considère le droit du preneur comme étant, sous certaines conditions, opposable aux tiers, c'est-à-dire droit réel. Examinons donc laquelle de ces deux thèses est la vraie et commençons par mentionner les diverses théories qui ont essayé de concilier ces deux opinions si discordantes.

L'un des systèmes qui se trouvent en présence prétend que le droit du possesseur est un droit réel, général, absolu, comme serait celui de l'usufruitier ou de l'emphytéote. Ce système a été introduit par Troplong; M. Larombière le résume en ces termes (1) :

De ce que le louage constitue une obligation de donner, dit-il, la conséquence immédiate et naturelle doit être que le louage confère au preneur un véritable *jus in re*, un droit réel, une action réelle, absolument comme la vente, à cette différence près que son droit est satisfait par la jouissance tandis que le droit de l'acquéreur n'est satisfait que par la propriété.

Pour s'opposer à cette théorie, la généralité des auteurs s'est jetée dans le système diamétralement opposé et a nié absolument la réalité du droit du preneur auquel on ne veut accorder qu'un simple droit personnel, un pur droit de créance.

Entre ces deux tendances extrêmes se place la théorie que professe M. Borsari en Italie (2) et M. Dalloz en France (3).

La réalité entrevue par Troplong, disait Dalloz, existe bien évidemment, non pas telle que l'entendent les interprètes du droit romain, mais une réalité particulière, anormale, espèce de droit réel *sui generis*, que nos législateurs très sobres de définitions, n'ont pas déterminée et dont ils se sont bornés à poser les limites dans plusieurs articles du Code, réalité que l'équité, les usages, la conscience unanime réclamaient et qu'ils ont proclamée sans se soucier des conséquences assignées par les lois romaines aux droits réels, ni prétendre ressusciter soit l'ensemble tout entier des prérogatives inhérentes à ces droits, soit les controverses qu'ils ont fait éclore parmi les anciens jurisconsultes. Aucune de ces trois théories ne nous semble rigoureusement exacte; celle de Troplong, parce qu'elle considère le droit du preneur comme droit réel, absolu, existant dans tous les cas, et que cette opinion n'est pas consacrée par le Code; celle de la personnalité absolue, parce que, comme nous le verrons et comme nous l'avons déjà fait pressentir, le Code attribue au droit du preneur des effets qui ne peuvent résulter que d'un droit réel; celle enfin

(1) Larombière, *Obligations*, art. 1136, n° 10.
(2) Borsari, *Commento al Codice civile*, IV, § 3648.
(3) Dalloz, *Répertoire*, v° *Louage*, n° 486.

de Dalloz et de Borsari, parce qu'elles envisagent le droit du preneur comme un droit réel *sui generis*, et que ce droit n'étant sanctionné dans aucune partie de la législation, il ne peut être permis à l'interprète de forger à sa fantaisie des droits d'une nature spéciale ayant des effets plus spéciaux encore.

Comme nous le démontrerons plus loin, la location doit conférer un droit réel, mais un droit réel dont l'existence est liée à certaines conditions et qui, par conséquent, ne pourra pas faire sentir ses effets lorsque ces conditions viendront à manquer.

Examinons cependant en détail les divers arguments invoqués pour la défense des différentes théories que nous venons de mentionner.

Laurent, pour soutenir la thèse de la personnalité du droit du preneur, commence par citer un passage de Pothier où il est dit que le preneur n'ayant aucun droit dans la chose qui lui est louée, si le locateur a vendu ou légué cet héritage à quelqu'un sans le charger de l'entretien du bail qu'il en a fait, cet acheteur ou ce légataire ne seront pas tenus de l'entretenir à moins qu'ils ne l'aient approuvé.

Après cette citation, le savant auteur se demande si le Code a entendu déroger à cette tradition (1). Tradition! était-ce là cependant une de ces traditions sur lesquelles aucun doute, aucune controverse ne s'élevait, qui était admise par l'universalité, et qui avait force d'axiome? Nous ne le croyons pas et nous sommes poussé à cet avis par ces quelques textes que nous trouvons mentionnés par dans certains commentateurs du droit coutumier et que nous reproduisons ci-après.

Conductores fisci, quamvis conducant ad modicum tempus, habent jus in re (2). *Ad modicum tempus conductor non dicitur habere jus in re* (3), ce qui argumentant *a contrario*, nous porte logiquement à croire que le *conductor ad non modicum tempus* avait un *jus in re. Colonus autem perpetuus vel qui conduxit ad non modicum tempus, non potest impune expelli, cum habeat jus in re* (4).

<hr>

(1) Laurent, *op. cit.*, XXV, n° 10.
(2) Bartoli in L. 1, D. *De loc. pub. fruen.*
(3) Deluca, *De servit.*, Disc. 82, n° 13.
(4) Azonis summa in quartum librum Cod. *De loc. cond.*, 21.

Ces différentes citations font clairement voir que l'opinion de Pothier n'était pas partagée par tous, bien que, nous le reconnaissons volontiers, elle ait eu peut-être le plus de partisans. Inutile, au reste, d'insister davantage sur ce préambule dont l'importance est minime en présence des textes décisifs que nous invoquons dans la suite. Voyons plutôt ce que disent les travaux préparatoires dans lesquels M. Laurent croit trouver de si puissants arguments pour sa théorie.

Le 28 septembre 1791, l'Assemblée constituante vota une loi dont nous transcrivons les passages qui nous intéressent afin qu'on puisse juger plus facilement de la portée de ses dispositions :

« Dans un bail de 6 années et au dessous, fait après la publication du présent décret, quand il n'y aura pas de clause sur le droit du nouvel acquéreur à titre singulier, la résiliation du bail en cas de vente du fonds, n'aura lieu que de gré à gré.

« Quand il n'y aura pas de clause sur ce droit dans les baux de plus de six années, en cas de vente du fonds, le nouvel acquéreur à titre singulier pourra exiger la résiliation sous la condition de cultiver lui-même sa propriété, mais en signifiant le congé au fermier au moins un an à l'avance et en dédommageant au préalable le fermier, à dire d'experts, des avantages qu'il aurait retirés de son exploitation ou culture continuées jusqu'à la fin de son bail, d'après les prix de la ferme et d'après les avances et améliorations qu'il aura faites à l'époque de la résiliation (1). »

Laurent, sur les traces de Duvergier (2), ne voit dans cet article aucune trace de la volonté de transformer le droit du preneur en droit réel (notre raisonnement supposant toujours l'exactitude de la théorie qui prétend que le bail, avant la législation napoléonienne, avait un caractère personnel) parce que la Constituante ne parle que des biens ruraux et n'oblige l'acheteur à respecter la jouissance du fermier que lorsque les baux ont une courte durée; conçoit-on, dit-il, qu'un bail d'un an confère un droit réel et qu'un bail de 99 ans ne confère qu'un droit personnel!

Nous répondrons que l'Assemblée constituante ne parle que des biens ruraux parce qu'elle n'avait en vue que l'intérêt de

(1) Loi du 28 septembre-6 octobre 1791, tit. I, sect. III, art. 2, 3.
(2) Duvergier, *Du louage*, I, n° 280.

l'agriculture, et nous observerons qu'il n'est pas fort étonnant de la voir oublier de parler des baux à loyer, si l'on pense à la manière dont avait été formée l'Assemblée constituante, à l'élément qui la composait et où dominait la bourgeoisie, bien plus préoccupée des choses matérielles et pratiques de la vie que des conséquences juridiques de ses actes. Si donc, on trouve une inconséquence dans la disposition que nous venons de rapporter, si l'on fait remarquer, que c'est précisément le bail le plus long, celui qui pourrait être considéré comme translatif de propriété qui est laissé sous l'influence des anciennes règles et qu'ainsi la simple considération de temps suffit pour que le même droit change de nature, inconséquence qui d'ailleurs a été relevée et corrigée par les auteurs du Code Napoléon, lorsque ceux-ci ont été appelés à se prononcer sur la question, il n'est pas permis, nous semble-t-il, de tirer parti de cette confusion pour prétendre que les constituants n'ont pas eu la volonté de donner au droit de bail le caractère réel, et il ne faut pas, de la contradiction des idées que l'on prétend avoir été émises, conclure à la non-existence de celles-ci.

Passons maintenant au rapport sur le titre du louage que fit Mouricault au Tribunat (1). Laurent y relève seulement les mots « innovations utiles » qui veulent dire selon lui, amélioration pratique, et les expressions « faire jouir », qui signifient, dans sa pensée, que le bailleur a une obligation de faire, exclusive du droit réel. Le rapport est cependant plus concluant que M. Laurent ne veut bien l'admettre, car nous y trouvons des passages qui pouvaient uniquement être écrits sous l'empire de l'idée que le bail devait conférer un droit réel. Mouricault en effet, pour justifier l'art. 1743, prononçait la phrase suivante :

« Le vendeur qui, par un bail constaté, s'est dessaisi pour un temps convenu de la jouissance de sa chose, qui a promis de garantir cette jouissance au preneur et dont l'obligation principale est de faire jouir le preneur, peut-il donc vendre ou léguer à un tiers *sa propriété dégagée de cette obligation ?* »

Si c'est la propriété qui est chargée de l'obligation, pourra-t-on dire qu'il s'agit d'un droit purement personnel, alors surtout que le passage : « N'est-il pas de principe qu'on ne peut transmettre

(1) Locré, VII, p. 201. — Mouricault, *Rapport*, n° 11.

à autrui plus de droits qu'on n'en a soi-même » que nous lisons dans le même rapport, prouve à l'évidence que nous sommes en présence d'un droit réel, puisque cet adage est absolument faux lorsqu'on l'applique à des droits personnels et à des successeurs particuliers? Mais continuons et passons au Corps législatif.

« Une loi de la Constituante, dit Jaubert (1), avait admis une exception en faveur des biens ruraux. Il fallait compléter la réforme. » Laurent s'empare immédiatement du mot « exception » ; « Voyez-vous, nous dit-il, c'est une exception, donc ce n'est pas un principe nouveau qu'avait imaginé la loi de 1791, elle maintenait le principe romain puisque l'exception confirme la règle. On ne touche pas à la doctrine traditionnelle, elle subsiste donc, on étend l'exception. » Mais ce qui échappe à Laurent, c'est que s'il est vrai que l'introduction du droit réel constituait une exception au principe admis avant la loi de la Constituante, c'est précisément cette exception qu'on veut généraliser et qu'on généralisera tant et si bien qu'elle viendra prendre la place de l'ancien principe. L'exception est devenue générale et l'ancien principe est devenu lettre morte; ce qui était exception sous la Constituante est devenu principe sous le Code civil.

Nous venons de voir que dans les discussions tout porte à croire qu'on a voulu donner au preneur un droit réel; et que les arguments que l'on peut y trouver en faveur du droit personnel ne sont que des équivoques sur les mots ; on ne pourra donc être admis à attaquer notre opinion que si l'on trouve dans le Code des principes formels et positivement établis qui viennent nous contredire. Y a-t-il de ces textes ; a-t-on consacré de ces principes? Le Code, dit Marcadé (2), a voulu favoriser le preneur et en lui accordant un droit réel, on arriverait au résultat opposé, car on le mettrait dans la plus triste condition. Quand le locataire de la ferme que j'achetai l'an dernier, continue-t-il, viendra me demander de reconstruire la grange ou les écuries qu'une tempête vient de démolir, je lui répondrai qu'il se méprend singulièrement sur ses droits, que je ne suis pas obligé de le faire jouir, qu'il n'a pas du tout un droit personnel auquel correspondrait une obligation per-

(1) Locré, VII, p. 212. — Jaubert, *Discours*, n° 7.
(2) Marcadé, *op. cit.*, art. 1743.

sonnelle de faire jouir, mais un droit réel qui le met, comme l'usufruitier, en rapport direct et exclusif avec la chose.

Ces conclusions de Marcadé, que nos adversaires trouvent
décisives, nous semblent en tous points exagérées. Comment!
le droit réel est-il exclusif du droit personnel, et à côté de
l'un, l'autre ne peut-il trouver place? L'usufruitier n'a-t-il
pas un droit réel sur la chose et n'a-t-il pas aussi le droit de
forcer le propriétaire à faire les grosses réparations qui seraient
nécessaires à l'immeuble? (art. 605, Code Nap.). Le contrat de
vente ne donne-t-il pas à l'acheteur un droit réel sur la chose en
même temps qu'un droit personnel envers le vendeur qui doit
personnellement garantir tous les vices de la chose vendue ainsi
que les cas possibles d'éviction? Et dans ces conditions serait-il
permis de dire que nous avons tort parce que nous donnons au
preneur un droit réel et un droit personnel tout en même temps,
et que ces droits ne peuvent être tolérés l'un à côté de l'autre?

« Cependant le droit réel existe à l'égard de tous, objecte
encore Laurent, car il existe dans la chose et tout tiers doit le respecter. Le Code cependant ne donne action au preneur contre les
tiers que lorsque le trouble qu'ils apportent à sa jouissance est
une simple voie de fait, sans qu'ils prétendent aucun droit sur la
chose louée, et au contraire dès que le trouble concerne le droit
de jouissance, le preneur doit agir contre le bailleur et ne peut
agir contre les tiers. Si le preneur avait un droit dans la chose,
il devrait avoir une action réelle pour le défendre; la loi lui refuse
l'action, donc elle doit aussi lui refuser le droit. »

La raison de cette distinction entre trouble de droit et trouble
de fait, comme .c'est également l'avis de M. Saredo (1), est fort
claire et ne doit pas du tout faire conclure à la personnalité du droit
conféré par le contrat de louage. Dans les questions de propriété, il
faut que la controverse se débatte entre les personnes qui prétendent avoir un droit à la propriété de la chose. L'adversaire natu-
rel .du revendiquant n'est pas le preneur, mais le bailleur; en
somme, que pourrait prétendre le preneur? qu'il a un droit sur la
chose, de qui le tient-il? Du bailleur. La question donc se réduit

(1) Saredo, *Natura del diritto conferito al conduttore*. — *La legge*, IX,
p. 38, anno 1869.

à savoir si le bailleur avait un droit sur la chose. S'il en avait, le bail est valable; si, au contraire, il n'en avait aucun, le bail sera nul, personne ne pouvant aliéner plus de droits qu'il n'en a lui-même. La situation de l'usufruitier est identique; si un tiers attente aux droits du propriétaire, l'usufruitier est tenu de le dénoncer (art. 614), et cependant, personne ne le conteste, il jouit d'un droit réel.

En vertu de quel droit au contraire le preneur pourrait-il repousser les voies de fait contre la propriété et contre son droit de jouissance? En appliquant logiquement les conséquences du principe que le droit du preneur est purement personnel, c'est-à-dire qu'il n'a qu'un droit de créance envers le bailleur, il faudrait décider que le preneur doit avoir action contre le bailleur dès qu'il ne jouit plus et qu'il ne peut avoir que cette seule action contre le bailleur. Or, l'art. 1725 décide que le preneur n'a aucune action contre le bailleur pour les troubles de fait, mais qu'il peut poursuivre personnellement ceux qui le troublent; ce qu'il ne peut certes faire que comme conséquence du droit réel qu'il a dans la chose.

Mais il y a plus. L'art. 691 du Code de procédure porte qu'en cas de saisie, les créanciers doivent respecter le bail qui a date certaine, sauf à saisir et à arrêter les loyers et fermages. A l'observation que le preneur est considéré dans cet article comme ayant un droit de préférence et qu'il ne peut avoir ce droit de préférence que parce qu'il a un droit réel, Laurent répond que ce n'est pas là un privilège au préjudice des créanciers, mais que c'est au contraire dans leur intérêt que le bail est maintenu. Singulière prévenance, il faut l'avouer, car elle ne laisse même pas le choix aux créanciers de rompre le bail ou de l'observer! si le bail est onéreux pour les créanciers, s'ils peuvent trouver à vendre le fonds pour un prix plus élevé en le libérant du bail, il faudra tout de même qu'ils le respectent et qu'ils se contentent de saisir le loyer ou le fermage, si minime qu'il soit! Toute cette disposition en pure faveur pour les créanciers!

Autre objection. « Un jugement intervient avec le bailleur sur la propriété de la chose louée soit sur une action intentée par le bailleur, soit sur une action formée contre lui. La décision peut-

elle être opposée au preneur, se demande Laurent? S'il a un droit
réel, répond-il, ce qui a été jugé avec le bailleur est chose
étrangère au preneur; il pourra soutenir son droit en justice sans
qu'on puisse lui opposer l'exception de chose jugée. La conséquence est logique, mais elle témoigne contre le principe d'où
elle découle, car elle est en opposition directe avec l'art. 1727. »
Cette conséquence, qui paraît si logique à Laurent, nous ne la
voyons pas fort bien et l'opposition nous paraît plus obscure
encore. Voici pourquoi. Que dit l'art. 1727? Dans le cas où quelqu'un prétendrait quelque droit sur la chose louée, le preneur
doit appeler le bailleur en garantie et doit être mis hors de cause,
s'il l'exige, en nommant le bailleur pour lequel il possède. Il doit
être mis hors de cause, *s'il l'exige*, mais est-ce à dire que lorsqu'on ne l'aura pas cité et que par conséquent on ne lui aura pas
donné la faculté d'exiger d'être mis hors de cause, le jugement
pourra lui être opposé? Point du tout. Il résulte simplement de
cet article que lorsque le preneur mis en cause aura demandé sa
mise hors de cause, il sera censé avoir renoncé à son droit vis-à-
vis des tiers et que lorsque ceux-ci auront un jugement en leur
faveur, ils pourront l'opposer au preneur, qui en demandant sa
mise hors de cause, s'est désintéressé de l'affaire et a renoncé à
son droit de tierce opposition. Cette explication justifie, semble-t-
il, notre article qu'elle met en harmonie avec la théorie du droit
réel du preneur et les principes de procédure civile sur lesquels
repose la tierce opposition.

D'autre part, si l'on nous objecte que, ayant été mis hors d'instance, le jugement n'a pas été rendu contre le preneur et que par
conséquent ses droits devraient être saufs, nous répondrons que le
seul fait d'avoir été mis en cause et d'avoir demandé à être mis
hors de cause, lui enlève ce droit. Sur quoi repose en effet le
droit à la tierce opposition? Sur le principe, nous dit Proudhon (1),
que personne ne peut être légitimement condamné sans avoir été
entendu ou au moins mis à portée de se défendre ou de défendre
sa chose. De là suit que chaque fois qu'on pourra avec vérité,
objecter au tiers opposant qu'il a été suffisamment représenté dans
la cause, il devra être déclaré non recevable dans sa demande. Or,

(1) Proudhon, *L'usufruit, l'usage, etc.*, III, 1284.

dans l'espèce, le preneur a été suffisamment représenté par la citation qu'on lui a faite et s'il se désiste, on présumera sa renonciation à son drôit. Aussi, s'il le veut, pourra-t-il rester partie dans l'instance et s'il croit à quelque concert frauduleux entre le tiers revendiquant et le bailleur, s'il croit avoir certaines raisons ou arguments à pouvoir victorieusement opposer au tiers revendiquant, on ne pourra le mettre hors d'instance comme on pourrait le faire de n'importe quel ayant-cause, mais on ne sera admis à le mettre hors de cause, que seulement dans les cas où il l'exigera.

C'est une exception, nous dira-t-on encore, et pour que vous soyiez partie à l'action, pour que le jugement puisse vous être opposé, il faut que le jugement soit rendu contre vous.

Mais cette exception ne se justifie-t-elle pas pleinement, en matière de louage? Ordinairement les personnes qui prennent des maisons ou des fermes en location (du moins il en était ainsi au commencement du siècle, lors de la confection du Code) sont des gens qui vivent du produit de leur travail et auxquels la moindre perte d'argent causerait un dommage appréciable. Pourquoi, dans ces circonstances, les forcer à rester en instance, et à devoir au besoin en supporter les frais? N'était-il pas bien plus sage de leur laisser la faculté de se mettre à l'écart, sans que pour cela ni leur droit ni celui du revendiquant ou du bailleur soit lésé?

On nous objecte enfin que le droit du preneur étant réel, il devrait être hypothécable et que cependant la loi hypothécaire, mentionnant tous les droits capables d'être hypothéqués, ne cite pas le droit du preneur (1). Nous répondrons que d'autres droits réels aussi ne sont pas capables d'être hypothéqués; ainsi les servitudes, le droit d'usage, le droit d'habitation et nous ajouterons que les mêmes raisons qui ont milité pour le refus de la capacité d'hypothèque à ces droits fournissent argument pour défendre la même faculté au droit du preneur.

Les droits d'habitation et d'usage ne sont pas hypothécables parce que par leur nature d'abord ils se rapprochent du droit aux aliments et parce qu'ensuite l'intérêt du propriétaire y est absolu-

(1) Pacifici-Mazzoni, *Delle locazioni*, 33.

ment contraire, car ces droits en passant d'une personne à une autre pourraient devenir plus incommodes pour lui. Les mêmes raisons peuvent être invoquées pour le contrat de louage. Les baux des biens ruraux ne peuvent être cédés que si le propriétaire y a expressément consenti. S'agit-il de maisons : le bailleur peut défendre au preneur de sous-louer ou de céder son bail. Le législateur s'est inspiré de la généralité des cas. Ordinairement le bailleur tient à ce que sa chose soit conservée avec soin et il refuse la faculté de sous-louer, car il veut connaître les personnes à qui il confère son bien. Or, comme l'hypothèque aurait été une aliénation indirecte, le législateur a fixé la règle générale, a rejeté un principe qui n'eût été d'aucune stabilité, et n'a pas voulu que le droit du preneur fût susceptible d'hypothèque.

On nous dit, il est vrai, que cette limitation à la capacité de disposition ou de sous-location, que peut imposer le propriétaire est contraire à l'essence du droit réel, qui de sa nature est illimité, mais n'est-il pas permis, cependant, de concéder des droits, des droits réels aussi bien que d'autres droits, à un terme résolutoire? L'événement incertain qui serait assigné par une partie comme terme, comme limite à la durée de la concession au droit réel serait précisément le fait de la sous-location, et, comme nous dit très justement Laurent (1), l'arrivée de cet événement résout l'obligation en ce sens qu'elle est éteinte mais que l'extinction n'a pas lieu rétroactivement et que l'obligation est seulement résolue pour l'avenir. L'obligation existe et produit tous ses effets d'une manière irrévocable jusqu'à ce que le terme résolutoire arrive. C'est une obligation à terme, mais le terme dépend d'un événement futur et incertain. Ainsi donc l'objection de M. Demolombe qui consiste à dire que notre opinion est mal fondée parce que le droit de bail serait réel ou personnel selon que le bailleur se serait ou non réservé dans le contrat la faculté de résoudre la location, doit évidemment tomber, puisque certes la condition ou le terme ajoutés à un contrat ne sont pas capables de changer la nature ou les effets du droit que la convention a réglés. Enfin si le droit du preneur n'était pas réel, comment justifierait-on le fait que le bail, s'il est authentique ou a date certaine est obligatoire

(1) Laurent, *op. cit.*, XVII, n° 121.

pour l'acquéreur? C'est, dit Proudhon (1), parce qu'on a voulu
que l'aliénation ne fût consentie ou censée consentie que sous la
condition que le tiers acquéreur y stipulât ou y fût censé stipuler
l'obligation personnelle d'entretenir le bail. Ce serait donc là une
présomption, mais est-ce une présomption *juris tantum* ou bien
juris et de jure, point important à déterminer, car s'il arrive que
l'acquéreur ignore le bail, que par suite il ne puisse, même taci-
tement, contracter l'obligation de l'observer, il pourra dans ce cas
faire la preuve contraire à la présomption établie par la loi, et
toute l'économie de celle-ci s'en ira en fumée. Il s'agit donc
d'examiner si cette présomption est absolue ou si elle admet la
preuve contraire.

L'art. 1352 nous dit que nulle preuve n'est admise contre la
présomption de la loi lorsque, sur le fondement de cette présomption, elle annule certains actes ou dénie l'action en justice,
à moins qu'elle n'ait réservé la preuve contraire. Ce sont là les
présomptions *juris et de jure*. Sommes-nous dans un de ces cas?
Le premier s'exclut de lui-même et la loi, par l'art. 1743, ne
semble pas dénier à l'acquéreur l'action en justice pour prouver
qu'il n'a pas entendu consentir à maintenir le bail, car les travaux
préparatoires étant muets à ce sujet, l'expression, « à moins qu'il
ne se soit réservé ce droit par le contrat de bail » renferme
implicitement l'idée que le législateur a admis la preuve contraire.

Nous nous trouverions donc dans le cas d'une présomption
juris tantum, et l'acquéreur pourrait toujours faire la preuve ou
de son ignorance du contrat de louage existant au moment de
l'acquisition ou de son refus de l'observer, exprimé au moment de
l'acte de vente. Dans ce cas à quoi se réduit la faveur dont la loi
a voulu entourer le preneur, et son droit ne devient-il pas tout-à-
fait illusoire, voire même hypothétique?

Pacifici-Mazzoni nous dit encore que si le droit du preneur
était réel, il devrait se résoudre au moment où se résout le droit
de celui qui l'a concédé de la même manière que se résolvent les
servitudes concédées par le mari ou l'emphytéote sur le fonds dotal
ou emphytéotique, de la même manière que tombent les charges

(1) Proudhon, *op. cit.*, 1, n° 102.

et les hypothèques dont l'acheteur à réméré a grevé le fonds acquis (1), et que cette hypothèse ne se réalisant pas, puisque une disposition spéciale (art. 1673) oblige le vendeur à réméré à observer le bail accordé par l'acheteur, il en résulte que le bail ne confère et ne peut conférer un droit réel. — Mais cet argument, dans le cas où nous nous trouvons, ne peut, si nous ne nous trompons, éclairer la question.

C'est un fait évident et certain que lorsque le droit d'une personne sur une chose vient à tomber, tous les droits concédés par cette personne sur cette chose se résolvent ; *resoluto jure dantis, resolvitur jus accipientis ;* mais il est un autre fait non moins certain, c'est qu'aux obligations personnelles d'un individu ne succèdent que ses successeurs universels et que d'autre part ses successeurs particuliers ne succèdent à ses obligations personnelles qu'en tant qu'ils s'y sont expressément obligés et qu'en tant que la personne créancière y a expressément consenti.

Dans les deux cas donc, que la location ait le caractère réel ou personnel, une spéciale disposition de loi était nécessaire pour obliger le vendeur à pacte de réméré à respecter les contrats de louage faits par l'acheteur à réméré, et ni la réalité ni la personnalité ne peuvent trouver dans cette disposition un argument qui puisse diriger la solution de la question dans l'un ou l'autre sens.

M. Demolombe nous objecte enfin que le louage ne donne pas le droit de délaisser, conséquence inévitable d'un droit réel. Mais M. Demolombe oublie qu'à côté du droit réel dont jouit le preneur se trouve l'obligation du même preneur de payer le loyer, que l'un est corrélatif de l'autre et que si l'on peut abandonner un droit sans le consentement du débiteur, on ne peut d'autre part, sans le consentement du créancier, se libérer d'une obligation qu'on a valablement contractée. Aussi, à notre avis, le preneur est libre de délaisser la chose, sauf à continuer de payer le loyer et de remplir les obligations auxquelles il s'est engagé. Si l'on nous objecte enfin, que le contrat de louage entendu ainsi ne différerait plus de l'usufruit, que par conséquent l'un ou l'autre deviendrait inutile, ce qui prouverait contre la thèse de la réalité,

(1) Pacifici-Mazzoni, *Diritto di locazione,* n° 80.

nous répondrons que c'est là une des conséquences que l'on tire du système de Troplong, c'est-à-dire du système de la réalité absolue, mais qui ne dérive cependant aucunement du système de la réalité telle que nous l'avons entendue.

On combat la théorie de Troplong parce que celui-ci affirme que le bail est un droit absolu, un droit qui suit l'immeuble, qui ne peut en être détaché et qu'au contraire le bail en est détaché, par cela seul qu'il n'a pas date certaine. Ces reproches pourront-ils être faits à notre système? Nous ne le pensons pas, car, pour nous, le droit réel n'est pas absolu et n'existe pas dans tous les cas par le seul effet du concours de consentement. Nous subordonnons l'existence du droit réel à l'acte authentique ou ayant date certaine; seulement à partir de ce moment, seulement sous cette condition, le preneur sera armé d'un droit réel qui pourra être exercé au préjudice des tiers. Si ces formalités ne sont pas accomplies, le droit réel existera peut-être, mais ses effets seront restreints aux rapports des parties entre elles, et de même qu'un acte de vente d'immeuble n'est parfait à l'égard des tiers que par la transcription, de même le bail n'obligera ceux qui n'étaient pas parties à l'acte que quand il aura date certaine ou qu'il sera authentique.

Cette disposition ne peut être critiquée, car elle est dictée dans l'intérêt des tiers et a pour but d'empêcher que le bailleur, d'accord avec le preneur, ne vienne léser les droits de ses créanciers.

Pour être obligatoire pour les tiers, le bail de courte durée n'a donc pas besoin d'être transcrit, puisque la loi ne l'exige pas formellement, et que les dispositions dictées en matière d'hypothèque et de transcription sont de stricte interprétation. Cette dispense de transcription est-elle rationnelle en même temps que pratique? Nous ne le pensons pas et voici les motifs qui nous suggèrent cette opinion.

La raison pour laquelle on a exigé la transcription se fonde sur l'intérêt des tiers; le bail ayant date certaine pouvant être opposé aux tiers, le législateur s'est dit qu'il fallait les prévenir pour qu'ils ne soient pas lésés par un bail dont ils ignoreraient l'existence.

Par la transcription les créanciers sont donc avertis d'abord de la présence du bail, ensuite des conditions sous lesquelles il a été contracté, et d'après ces indications, ils peuvent évaluer exactement la garantie que peut leur donner l'immeuble de leur débiteur. Si le bail n'est pas transcrit, toutes ces données leur font défaut ; ils se trouvent de nouveau livrés à l'inconnu et tous les inconvénients de la clandestinité reparaissent à l'envi. Ils ne savent s'il y a un bail qui leur est opposable (car leur débiteur pourra leur faire telles déclarations qu'il lui plaira et même leur affirmer que le bail existant est simplement verbal ou sans date certaine, puisqu'ils n'auront, à leur disposition, aucun moyen de s'assurer de la vérité de ses assertions), et ils ignorent sous quelles conditions il a été contracté.

On nous objecte que les créanciers ne peuvent pas ressentir de préjudice par suite des baux qui ne doivent pas être transcrits (9 ans selon la loi belge, 18 selon la loi française) puisque, ou bien le bail est verbal ou n'a pas date certaine et alors il n'est pas obligatoire pour les tiers, ou bien il a date certaine et alors le contrat devant préciser les conditions du bail, le montant du loyer pourra être saisi par les créanciers qui ne devront observer le bail que pendant un laps de temps relativement bref et qui ne pourront par conséquent être grandement lésés, même si le montant du loyer est minime.

Ce dilemme ne peut en aucune manière amoindrir la portée de notre observation, car il sera bien facile au débiteur de tromper la vigilance de ses créanciers ; il lui sera loisible, en faisant avec son locataire un contrat ayant date certaine et établissant un loyer dérisoire, de stipuler, à côté de cette convention, une contre-lettre dans laquelle le loyer véritable sera rétabli ; les créanciers se trouveront alors en présence de l'acte de bail qu'on leur opposera, ils ne pourront saisir qu'un loyer dérisoire et ils seront dans tous les cas frustrés sans avoir eu à leur disposition les moyens nécessaires pour se préserver de ce péril.

On ne peut certes nous dire que l'obligation de transcrire les baux de courte durée serait une gêne ou une dépense inutile pour les parties, car si cette assertion peut être vraie pour les baux de un, deux ou trois ans, elle est absolument inexacte pour ceux qui ont une durée plus grande. Ces derniers qui doivent sortir leurs effets pendant plus de trois ans, supposent évidemment des parties contractantes ayant intérêt à avoir une position stable et fixe et ayant également la certitude de pouvoir, pendant un laps de temps déterminé, acquitter le loyer stipulé ; ces circonstances doivent faire présumer une situation aisée, au moins une position moyenne qui ne peut se ressentir de quelques frais supplémentaires imposés.

Si donc à côté des énormes inconvénients que suscite la clandestinité, on pense au léger ennui que pourra occasionner aux locataires de courte durée l'imposition d'une faible taxe nécessitée par l'obligation de la transcription de leur contrat, l'on ne peut que trouver juste la solution que nous proposons. Il y aura une taxe, mais celle-ci ne sera que la contrevaleur de la certitude qu'auront les locataires de pouvoir rester en possession pendant le temps stipulé et cette imposition sera d'autant plus équitable qu'elle sera destinée à sauvegarder les intérêts et les droits des tiers. Qu'on diminue à l'égard des locataires le montant des taxes à percevoir, qu'on leur applique le principe qui, en matière d'impositions, a été si souvent proposé, nous voulons parler de la proportionnalité de la taxe et de son rapport avec l'intérêt qui est en jeu, mais que, sous prétexte d'opportunité mal comprise, on ne permette pas à certains droits de rester sous le régime de la clandestinité et de se mettre en contradiction ouverte avec la volonté de la loi de rendre publics tous actes translatifs de droits réels.

Nous croyons, ou pour être plus exact, nous espérons avoir démontré la réalité dont doit être revêtu le droit du preneur et l'inconséquence que le législateur a commise en n'exigeant pas la transcription de tous les baux et en ne poussant pas jusqu'à leurs dernières limites les conséquences d'un principe qu'il reniait en paroles, mais qu'il acceptait en fait.

Si ces quelques notes, réunies au hasard de l'observation, parviennent, non pas à convaincre, mais simplement à susciter le doute ou à ranimer une discussion endormie sur cette question délaissée, nous nous estimerons largement récompensé du travail accompli.

Paris. — Imp. F. PICHON, 282, rue Saint-Jacques, et 24, rue Soufflot.